DE LA COLONISATION A MADAGASCAR

PAR

J.-B. PIOLET

EXTRAIT DU *CORRESPONDANT*

PARIS

AUGUSTIN CHALLAMEL, ÉDITEUR

17, RUE JACOB, 17

Librairie Maritime et Coloniale

1896

DE LA
COLONISATION
A
MADAGASCAR

PAR

J.-B. PIOLET

EXTRAIT DU *CORRESPONDANT*

PARIS
AUGUSTIN CHALLAMEL, ÉDITEUR
17, RUE JACOB, 17
Librairie Maritime et Coloniale

1896

DU MÊME AUTEUR

Madagascar, sa description, ses habitants. Un très fort volume in-18 jésus, avec carte géologique. . . 5 »

Madagascar et les Hova, description, organisation, histoire. Un volume in-8°, avec carte des environs de Tananarive, par le R. P. Roblet. . . . . . . 5 »

DE LA COLONISATION

A MADAGASCAR[1]

La conquête de Madagascar est aujourd'hui un fait accompli. La campagne si longue, si pénible et si coûteuse, qui vient de se terminer, a été marquée par bien des fautes, surtout dans son organisation, et assombrie par bien des sacrifices. De lourdes responsabilités y ont été encourues, qu'il sera utile un jour de faire connaître. Mais de beaux exploits y ont été accomplis également, et d'admirables exemples donnés; et si jamais un homme indépendant et autorisé, s'entourant de toutes les garanties et s'appuyant sur tous les renseignements possibles, nous raconte cette guerre, rien ne lui sera plus facile que d'opposer à l'incertitude, à l'incurie des débuts, la discipline, le courage et l'endurance des soldats; l'énergie, l'esprit d'initiative et l'intelligence des officiers; la bonne volonté, l'entrain, les efforts surhumains de tous, et d'en retirer en même temps que d'utiles leçons, de précieux encouragements.

Somme toute, le but a été atteint. Par un dernier effort, qui a mis en relief toutes les ressources du soldat français, Tananarive a été occupée le 30 septembre, et nos couleurs y flottent à côté du pavillon hova.

Désormais donc, l'île de Madagascar est à nous et, quel que soit le régime auquel on la soumette, protectorat ou annexion, ce fait domine tout : Madagascar nous appartient et restera nôtre. Sur ce point, il ne peut y avoir, il n'y a en effet, aucune divergence ni aucune hésitation.

[1] Voy. *Madagascar, sa description, ses habitants* (Challamel). — *Madagascar et les Hova* (Delagrave). — Flacourt, *Histoire de la grande île de Madagascar.* — R. P. de La Vaissière, *Vingt ans à Madagascar.* — D'Escamps, *Histoire et Géographie de Madagascar.* — Foucart, *le Commerce et la colonisation à Madagascar.* — D'Anthoüard, *Rapport commercial publié en* 1890. — Grandidier, *Mémoire sur le sol* [illegible]*e climat de l'île de Madagascar, au point de vue de l'agriculture.* — *Mémoire* du comte de Modave. — Larrouy, *Lettre au gouverneur de Bourbon* (27 juin 1894). — Prince d'Orléans, article dans la *Revue de Paris,* 1er octobre 1894, etc., etc.

Mais qu'y ferons-nous et quels établissements y fonderons-nous?

Je ne veux pas parler du traité de Tananarive; à plus forte raison, je ne veux pas le discuter. Après la déclaration lue à la Chambre des députés, le 27 novembre dernier, dans une séance extraordinaire convoquée à cet effet, il semble certain que ce traité sera maintenu, au moins dans ce qu'il a d'essentiel. Il n'est, du reste, pas mauvais; et pour ma part, je suis convaincu que, bien compris et bien exécuté, entre les mains d'un Résident de valeur et de volonté, parfaitement au courant du caractère, des lois et des usages malgaches, il nous permettra de faire et d'obtenir à Madagascar, tout ce que nous voudrons, et cela, avec peu d'hommes et à peu de frais.

Mais une autre question se présente, qui relève beaucoup plus des particuliers que de nos gouvernants, qui intéresse beaucoup plus les citoyens que l'Etat, celle de la colonisation. Question de premier ordre, qui ne peut laisser personne indifférent, et que nous nous proposons d'examiner dans les pages suivantes.

I

ESSAIS ANTÉRIEURS DE COLONISATION.

Découverte en 1500 par les Portugais, l'île de Madagascar fut d'abord occupée par eux, et deux essais de colonisation y furent tentés, en 1509 vers le nord-ouest, et, plus tard, en 1540, à un point diamétralement opposé, dans un îlot, en face de l'endroit où les Français bâtirent plus tard Fort-Dauphin. Mais n'ayant guère pour but, que la recherche des mines d'or et d'argent et l'organisation de la traite des esclaves; rebutés par l'opposition des indigènes et les difficultés semées sous leurs pas; sollicités par ce mouvement irrésistible, qui emportait alors les marins de leur pays vers d'autres contrées encore plus riches, les colons portugais se découragèrent vite et renoncèrent pour toujours à ces premiers établissements.

Un siècle plus tard, ce fut la France qui intervint, et le 24 juin 1642, Richelieu ordonna la prise de possession de l'île, par lettres patentes du roi Louis XIII, qui instituaient la Grande Compagnie ou *Société de l'Orient*, et lui faisait « la concession de l'île de Madagascar et des îles adjacentes, pour y ériger colonie et commerce, et en prendre possession au nom de Sa Majesté Très Chrétienne. »

Le grand cardinal avait vu juste, et son coup d'œil exercé d'homme d'État avait deviné l'importance de Madagascar.

Située au sud-est de l'Afrique, en face de Mozambique, dont elle n'est séparée que par le canal du même nom; s'étendant presque complètement dans la zone torride, du N.N.O. au S.S.O, sur une longueur de 1515 kilomètres, avec une largeur moyenne de 500 kilomètres; la troisième en grandeur des îles du globe, avec sa surface de 590 000 kilomètres carrés; à proximité des établissements portugais de Mozambique et de Sofala, non loin également de Zanzibar au nord, de Bourbon et de Maurice à l'est; à portée enfin, de la route d'Aden vers l'Hindoustan, l'Indo-Chine, Mahé et l'Australie, on ne pouvait rêver plus belle possession, ni plus belle situation, au point de vue commercial et politique. Enfin, elle est placée sur l'ancienne route des Indes par le cap de Bonne-Espérance, et ce seul fait lui donnait, du temps de Richelieu, lui donnerait encore, en cas de guerre entre la France et l'Angleterre, une importance stratégique de premier ordre.

Nombre de petites îles semblent lui faire cortège, comme des dames d'honneur autour de leur souveraine : Sainte-Marie, à l'est, en face de Tintingue, Nosy-Bé, Nosy-Mistio, Nosy-Faly, le groupe des Commores, au nord-ouest, et de tous côtés une foule d'autres, moins importantes.

Elle offre, surtout dans la partie septentrionale, de nombreuses échancrures : baies, golfes, caps, presqu'îles et, par suite, d'assez bons refuges pour les navires. Le sud, au contraire, et particulièrement le sud-ouest, offrent un littoral fort peu découpé.

Vue du large, à l'est, quand on la longe en paquebot, en allant de Diégo-Suarez vers Fort-Dauphin, elle se présente comme un immense amphithéâtre recouvert de verdure, et dont les derniers gradins, qui sont gigantesques, se perdent et se fondent dans l'horizon. Elle paraît très accidentée, très montagneuse, ce qui est vrai, et très riche, ce qui n'est pas aussi exact.

Du côté ouest, au contraire, elle présente de vastes plaines, parsemées de bouquets d'arbres, et qui montent, par des pentes moins raides, vers les sommets du centre.

La partie sud, enfin, est composée de vastes plateaux de sable, de 300 à 400 mètres d'altitude, presque plats, souvent dépourvus d'eau et stériles, tandis que le centre, qui n'est qu'un amas de montagnes, est formé d'un sol argileux, rouge, très compact pendant la sécheresse, et entièrement dépouillé d'arbres.

C'était donc tout naturellement, vers l'est ou vers le nord, que devaient se porter les premières tentatives de colonisation. On préféra la côte orientale, et nombreux ont été, pendant plus de deux siècles, les essais tentés par la France pour y fonder des établissements durables. Tous ont échoué, et, de tous ces efforts, il ne reste absolument que des ruines, et quelques rares vestiges difficiles à retrouver.

Rien ne serait plus utile cependant que l'histoire de ces établissements et de leurs revers, de leur commencement et de leur ruine; car la connaissance des fautes commises pourrait en prévenir le retour; l'étude des difficultés rencontrées, et qui seront toujours les mêmes, nous apprendrait à les vaincre, et serait un gage de succès pour la tentative définitive qui va s'accomplir.

Le premier de ces essais, celui de 1543-1672, fut aussi le plus sérieux et le plus durable. Mais que de fautes accumulées qui en rendirent le succès impossible!

D'abord, on aborda à Madagascar pendant l'hivernage, c'est-à-dire au moment où les fièvres font rage. Puis on commença par s'établir à Sainte-Luce, un des points les plus malsains de l'île. Enfin, l'on choisit, pour diriger l'expédition, un protestant fanatique, Pronis, qui mit tous ses soins à entraver l'action des missionnaires, à « voler et à massacrer les nègres[1] », à semer la discorde et l'anarchie au milieu de ses hommes, bien peu nombreux cependant, — quatre-vingt-deux en tout, — et qui, en face d'ennemis acharnés, auraient eu besoin, au contraire, de rester complètement unis. Tous s'adonnaient à l'inconduite, et Pronis lui-même, ne craignait pas de dissiper, pour ses plaisirs plus que pour ses besoins, les approvisionnements communs, « de telle sorte, dit Flacourt, que les Français étaient souvent sans riz et ne mangeaient que de la viande, tantôt sans viande et ne mangeaient que du riz. »

Pris par ses hommes exaspérés, jeté dans une prison où il resta six mois, Pronis reçut un nouveau renfort de France, et se vengea, à l'occasion d'une nouvelle mutinerie, en déportant douze des plus coupables à la Grande Mascareigne, aujourd'hui île de la Réunion. Vingt-deux autres épouvantés s'enfuirent vers Saint-Augustin.

Quelle colonisation pouvait-on bien faire au milieu d'un tel désordre?

Heureusement que le 4 décembre 1648, l'un des directeurs de la Compagnie, M. de Flacourt, arriva à Fort-Dauphin, pour remplacer Pronis, avec le titre de *Commandant général* de l'île de Madagascar.

Mais, c'était encore la mauvaise saison; et, on ne sait par quelle mauvaise fatalité, toutes les opérations subséquentes du nouveau gouverneur furent faites à cette funeste époque, que lui-même qualifie de *hors saison*.

Énergique et éclairé, sage et prudent, tout dévoué à son œuvre, Flacourt ne négligea rien pendant les huit années de son gouvernement pour la faire réussir. Il rappela les proscrits, prit possession de Bourbon, étudia Madagascar, étendit son autorité assez

[1] M. de Modave.

loin autour de Fort-Dauphin et, surtout, parvint à maintenir le bon ordre et l'union parmi ses subordonnés. Mais il eut, avec les 175 hommes qu'il possédait, à soutenir de rudes luttes contre les indigènes, dont il fit mettre à mort plus de 200 dans la ville de Fort-Dauphin seulement [1], achevant ainsi de rendre les Français odieux. Pendant sept longues années, il fut laissé sans nouvelles et sans secours de la France, et, le 15 février 1655, il s'embarqua sur le premier vaisseau qui, depuis son arrivée, avait mouillé dans les eaux malgaches, et alla à Paris pour y défendre les intérêts de la colonie. Il périt, noyé en mer, en retournant à Madagascar, avec le titre de *Directeur général* de la Société de l'Orient.

Ce fut l'arrêt de mort de l'établissement de Fort-Dauphin, qui ne fit dès lors que péricliter et décroître, malgré les efforts énergiques de Colbert; malgré la fondation, en 1664, de la puissante et riche *Compagnie Orientale*, pour remplacer la Société de l'Orient expirante; malgré les secours en hommes et en argent, prodigués dès cette époque, mais trop tard. Les guerres continuaient avec les indigènes, « justement irrités par trente ans de cruautés et de brigandages », comme l'écrira plus tard M. de Modave; la discorde régnait parmi les colons, et même parmi les directeurs de la Compagnie; ces immenses ressources et ses secours abondants étaient impudemment gaspillés par des hommes sans conscience; enfin, il n'y avait aucune suite, aucun plan arrêté dans le commandement. Après Flacourt vient Pronis, gouverneur pour la seconde fois, qui s'efforce en vain de réparer ses premiers torts; puis Chamargou; puis le président de Beausse, frère de Flacourt, qui meurt peu de jours après son débarquement; puis le marquis de Montdevergne, ancien domestique de Mazarin, que M. de La Haye, à son arrivée en 1670, fit arrêter par ordre du roi et repasser en France; enfin, ce même M. de La Haye, qui, après avoir perdu 1000 hommes dans une entreprise malheureuse contre un chef indigène, se décourage et s'embarque pour Surate, en mai 1671, condamnant ainsi l'établissement à une ruine inévitable.

Que pouvait-on faire de sérieux au milieu de ce désordre, de ces guerres, de cette anarchie continuelle? Et quelle entreprise pourrait ainsi prospérer?

Aussi le successeur de de La Haye, ayant à son tour abandonné son poste l'année suivante, le reste de la garnison fut inopinément attaqué par les indigènes, le 25 décembre 1572, et massacré par eux; quelques hommes parvinrent à peine à se sauver pour fonder et coloniser Bourbon.

[1] M. de Modave.

Tel fut notre premier essai de colonisation à Madagascar. Rien n'en a subsisté, si ce n'est un livre admirable, « l'Histoire de la grande île de Madagascar », par le sieur de Flacourt.

Maintenant, il faut attendre près de cent ans, jusqu'en 1768, pour retrouver une seconde tentative qui, pendant quelque temps, put donner des espérances.

Cette fois, l'homme qui en est chargé, M. de Modave, veut réussir par le commerce et par la colonisation, par l'alliance avec les roitelets indigènes, et non par la force. Il a déjà bâti deux villages et se propose d'en construire un troisième, où il mettra les colons qu'il attend de Bourbon et de France. Il rêve d'en établir trois autres dans des régions lointaines, comptant bien que ces six postes, reliés entre eux, et s'étendant peu à peu par le commerce, « mettront entre ses mains les deux tiers de l'île en trois ou quatre ans ». Au bout de dix ans, il espère ainsi avoir conquis tout Madagascar, pendant que l'attention des Anglais, détournée vers les Indes, lui laissera le champ libre en Afrique. Tout lui plaît dans la grande île, et il est ravi de sa salubrité. Sans doute, il trouve bien à reprendre dans la conduite de ses hommes, et il aimerait « pouvoir remédier aux désordres occasionnés par l'excessive fréquentation des blancs et des négresses... Mais les soldats s'abandonnent à tous leurs instincts ». Malgré tout, il est plein d'espoir, et, dès la fin de novembre 1768, il fait venir sa famille de France. En réalité, il a déjà obtenu quelques résultats, et, si ses vues sont un peu utopiques, les moyens qu'il emploie sont très sages. Malheureusement, par suite de la versatilité et des réactions politiques, un ordre de rappel l'arrache subitement à son œuvre, en plein commencement de succès.

La troisième tentative de colonisation est celle du magnat hongrois Benyowski. Ici, nous sommes en plein roman, mais un roman qui aurait pu finir par la fondation d'un immense empire français à Madagascar, si Benyowski n'avait été complètement entravé, et enfin ruiné, par la jalousie des gouverneurs de Bourbon.

C'est vraiment un homme extraordinaire que ce Benyowski, un aventurier sans doute, mais aussi un homme de génie, brave, actif, travailleur, entreprenant, affable et bon, sachant récompenser et punir, inspirant une confiance sans bornes à tous ceux qui l'entourent.

Brillant soldat d'abord, révolté ensuite, exilé de son pays, défenseur de la Pologne contre les Russes, relégué dans une forteresse sur la Volga, il s'échappe à la suite d'aventures extraordinaires, s'en va au Japon, à Formose, à Macao, à l'île de France, à Fort-Dauphin, d'où il arrive enfin en France. Devenu subitement l'idole du jour, il est envoyé par Choiseul à Madagascar « relever le drapeau de la France ».

Il y arrive au commencement de 1774, et, abandonnant le Sud-Ouest, il s'établit au fond de la baie d'Antongil, au nord de Sainte-Marie.

En deux ans, il a bâti une ville, Louisbourg; il a fait alliance avec les tribus voisines, qui ont confiance en lui, et unissent leurs armes aux siennes contre ses ennemis; il a construit des forts, le long de la côte orientale, à Angontsy, à Fénérife, à Foulepointe, à Tamatave, etc.; il a commencé des routes, des canaux, divers autres travaux. Bref, il paraît devoir réussir.

Mais voici que les intrigues se multiplient contre lui. Des émissaires sont envoyés de Saint-Denis et de France pour le surveiller, on l'accuse de malversations, sinon de trahison, et, après une rigoureuse enquête, on lui demande sa démission.

Il la donne, mais proclamé *Chef suprême* par les indigènes, il s'embarque au milieu d'une foule immense, l'acclamant jusqu'au bout, le 10 décembre 1776, pour aller se défendre auprès de Louis XVI. Il est comblé d'éloges et reçoit une épée en récompense de ses services, mais ne peut rien obtenir. Il va alors offrir son alliance à l'Angleterre, à l'Autriche, aux États-Unis, et rentre enfin, en 1785, à Madagascar, où il est tué, l'année suivante, d'une balle par un soldat français.

Puis, c'est la Révolution et l'Empire, avec leurs guerres continuelles et la perte de nos colonies; c'est la Restauration, luttant constamment contre une opposition aveugle et l'opinion publique égarée, pour recouvrer peu à peu notre empire colonial; ensuite, le gouvernement de Juillet et Napoléon III paralysés, et, parfois, hypnotisés, par l'alliance anglaise, et laissant échapper les plus belles occasions.

En 1831, un jeune homme de vingt-six ans, un Français, était jeté par un ouragan sur la côte de Madagascar. Recueilli et recommandé par M. Delastelle, ce jeune homme, M. Laborde, ou, comme tout le monde l'appelle là-bas, *le grand Laborde*, devenait l'ingénieur de la reine Ranavalona, et obtenait, à Tananarive, par son mérite personnel, par ses grandes qualités de cœur, par son esprit inventif et jamais à bout de ressources, une situation exceptionnelle. Il avait surtout acquis sur l'esprit du jeune prince Rakoto, bientôt Radama II, une influence prépondérante, et il l'amenait à offrir le protectorat de Madagascar à la France, en même temps qu'à signer la charte Lambert, par laquelle une Compagnie française obtenait, moyennant un dixième de revenu, toutes les mines et toutes les richesses naturelles de l'île, en même temps que « les terrains vagues à son choix et deux ports en toute propriété et juridiction ».

L'empereur déclina le protectorat et recula devant l'effort nécessaire pour imposer l'exécution de la charte au successeur de Radama, à la reine Rasoherina.

Désormais, nos colons et nos missionnaires seront livrés à eux seuls. Radama leur a rouvert l'île. Le traité de 1868 leur a reconnu quelques droits. Ils en profiteront pour s'établir, s'étendre, et les uns prêcher l'Évangile et la morale chrétienne, les autres faire des essais partiels d'exploitations, plus intéressants peut-être que les essais de conquête antérieurs. Déjà, en 1883, la côte Est comptait plusieurs exploitations, dont quelques-unes commençaient à produire; des sucreries étaient établies, des cafés plantés, et le commerce se développait, lorsque la guerre vint tout remettre en question.

En 1886, il fallut tout recommencer, mais, plus que jamais, on se heurta à un mauvais vouloir invincible, à une force d'inertie insurmontable, au parti-pris d'exclure les étrangers, et principalement les Français. Et c'est là surtout ce qui a rendu inévitable la guerre qui vient de finir, et qui, de nouveau, a compromis pour un temps les résultats obtenus.

Telles sont les diverses tentatives de colonisation à Madagascar. On le voit, si l'on a échoué, ces échecs réitérés ne doivent décourager personne, car la cause en est surtout aux circonstances extérieures, à l'ignorance du pays, aux vices, aux exactions et aux divisions des colons, au manque d'esprit de suite, à la mauvaise administration, enfin aux revers et aux révolutions de la métropole. Aucun de ces essais n'a été continué, et tous font l'effet d'une préface, dont le livre n'aurait jamais été écrit.

Aussi l'esprit public ne s'y est-il pas trompé, et la cause de Madagascar a toujours eu d'ardents partisans en France. Toujours l'esprit public a pressenti que cette île nous appartiendrait, que nous y fonderions de vastes établissements, que nous y trouverions de grandes ressources.

Aujourd'hui même, malgré les déboires d'une campagne extraordinairement pénible, Madagascar est très populaire en France, et les compagnies qui se forment pour son exploitation, les colons qui veulent aller s'y établir, les capitaux qui sont prêts à s'y aventurer dans des proportions à surprendre même les plus optimistes, en sont une preuve éclatante.

Mais rien n'est dangereux comme un mouvement d'enthousiasme, surtout chez des Français; car si la réalité ne répond pas de tous points aux espérances, fussent-elles exagérées, à l'enthousiasme d'hier, par un retour inévitable, succéderont la déception et le découragement de demain, non moins exagérés et mille fois plus dangereux.

Donc y a-t-il une place à Madagascar pour nos émigrants et nos capitaux?

Je réponds hardiment oui, pourvu que ceux-ci soient sagement employés et que ceux-là soient des hommes sérieux, travailleurs et suffisamment instruits.

Oui, il y a place à Madagascar pour nos colons et notre argent, pour nos ingénieurs et nos pionniers il y a place pour eux tous; soit dans les mines, soit dans l'industrie et le commerce, soit dans l'agriculture.

II

DES MINES.

Et d'abord dans les mines.

Madagascar, nous l'avons déjà remarqué, est un pays très montagneux. L'île est entièrement parcourue, du nord au sud, par une double arête faîtière d'inégale hauteur, mais également accidentée, et presque partout couverte de forêts. Partant toutes les deux du cap Leven, au bord de l'Océan, ces deux chaînes se séparent ensuite au 13e degré de latitude, et courent parallèlement vers le sud, s'éloignant plus ou moins du rivage, pour se rejoindre vers le 22e degré, et venir expirer un peu au nord de Fort-Dauphin. La hauteur moyenne de la première oscille aux environs de 900 mètres; la seconde s'élève parfois jusqu'à 1500.

Cette dernière s'appuie, en son centre, du côté de l'Ouest, sur l'immense massif de l'Ankaratra, qui atteint facilement une altitude moyenne de 2000 mètres, et que l'on peut considérer oomme le point central de l'orographie de Madagascar.

De cette double chaîne faîtière, et de ce massif central, partent d'innombrables chaînes secondaires, subdivisées à l'infini, avec des gorges parfois très profondes, des pics élancés, des flancs très accidentés, tout un ensemble de montagnes, de vallées, d'accidents de terrain de toute sorte, qui font de Madagascar peut-être le pays le plus tourmenté du monde, quelque chose comme les hautes crêtes d'un ancien continent aujourd'hui disparu.

Un pays si montagneux doit être très bien arrosé. Aussi Madagascar est-il traversé par une multitude de cours d'eau, et parsemé d'un certain nombre de lacs, dont quelques-uns sont très remarquables.

En fait, chaque vallée a son ruisseau qui alimente, vers le centre, d'innombrables rizières; chaque plaine a sa rivière ou son fleuve, et le système hydrographique de Madagascar est peut-être le plus riche et le plus complet qui existe. Je ne crois pas que l'on puisse faire plus de 20 kilomètres sans rencontrer un cours d'eau.

Géologiquement, l'île s'appuie sur une vaste ossature de gneiss, de micaschiste et de granit, que percent, çà et là, d'immenses coulées basaltiques, par exemple, au nord, vers la montagne d'Ambre; en face de Mahanoro, à l'est; dans l'Ankaratra, au centre, et en beaucoup d'autres endroits.

Plus rapproché de la côte orientale que de la côte occidentale, le massif primitif s'étend néanmoins assez avant vers l'ouest, et va jusqu'au confluent des deux fleuves Ikopa et Betsiboka. Ses limites, au sud de Fianarantsoa, ne sont pas connues. Du côté est, près de la côte, court une bande très étroite, et parfois interrompue, de tertiaire. Sur le versant occidental du massif principal, les formations sédimentaires ont encore une très grande importance, et les divers terrains secondaires : jurassique, de trias, etc., en un mot, toute la série des roches sédimentaires, depuis le tertiaire supérieur jusqu'au trias, s'y montrent, en stratifications très étendues et très belles, coupées en divers endroits par des pointements de houillers.

Telle est à grands traits la physionomie générale de Madagascar.

De son voisinage de l'Afrique australe, dont elle fit autrefois partie, et surtout de sa constitution géologique, telle que nous venons de l'esquisser, on pourrait déjà conclure, au moins à la probabilité de grandes richesses minéralogiques.

Et, en effet, ces richesses existent.

En l'année 1891, un puissant syndicat financier de Paris, envoyait une mission scientifique à Madagascar, pour en étudier les ressources minières. Les conclusions en ont été tenues secrètes; mais je sais, d'une manière certaine, qu'elles furent favorables, et que, seule, la situation politique de l'île, alors très précaire, « fit remettre à l'époque où la liberté et la sécurité du travail seraient assurées, la mise en œuvre des richesses naturelles que les études de la mission avaient permis de reconnaître ». Je sais en particulier qu'une de ses conclusions fut celle-ci : *qu'il y avait beaucoup d'or à Madagascar*.

Si, cependant, nous n'avions que cette seule affirmation, comme, d'un autre côté, Madagascar a été jusqu'ici un pays complètement fermé, qui, par suite, nous est peu connu, nous ne pourrions guère parler de ses richesses minières.

Heureusement que j'ai eu, à ma disposition, les notes de l'homme qui connaissait le mieux la géologie et la minéralogie de Madagascar, de M. Guinard. Naguère ingénieur en chef de l'exploitation Suberbie, autrefois ingénieur au service du gouvernement malgache, M. Guinard, en effet, avait pu, en cette double qualité, pendant près de cinq ans, étudier de près la constitution géologique et les richesses minéralogiques d'une grande partie de l'île. Il en avait même dressé une esquisse que j'ai publiée et qui, toute incomplète qu'elle soit, n'en est pas moins précieuse, parce qu'elle est la seule qui existe.

Grâce donc à ces notes, et en dépit de tous les obstacles qui, jusqu'ici, se sont opposés, non seulement à l'exploitation, mais encore à la recherche des minerais; en dépit de la loi qui, d'une manière absolue jusqu'en 1883, et, avec deux ou trois exceptions depuis cette époque, frappe de vingt ans de fers tout homme qui exploiterait une mine, on commence à connaître une partie de la vérité.

La surface aurifère de Madagascar, en particulier, est très considérable, et il y a de l'or un peu partout.

Il y en a spécialement à l'ouest, sur une large bande, qui s'étend depuis le Mahajambo au nord, — concession Suberbie, — fort loin vers le sud. On la retrouve en effet sur le fleuve Manambolo, près d'Ankavandra, — ancienne concession Talbot; — sur le Tsiribihina, dans la région où il se divise en deux branches : le Mahajilo et le Betsiriry; au delà de Fianarantsoa, où elle s'épanouit, elle devient plus large, et se relie à une autre bande, celle de l'est, qui remonte vers le nord jusqu'à Behenjy, à 30 kilomètres au sud de Tananarive.

Ces deux gisements sont les mieux connus.

Mais il y en a une foule d'autres, à l'est, au sud, au nord de Tananarive, jusqu'aux environs de Mandritsara, au nord du lac Alaotra, chez les Tanala, etc. Et ces gisements, quoique non encore étudiés, doivent être très abondants, puisque, malgré la loi qui interdit si rigoureusement la recherche, l'exploitation ou le commerce de l'or, il s'en exportait, chaque année, en contrebande, jusqu'à ces derniers temps, au moins pour 6 millions de francs.

Mais quelle est la teneur de ces gisements aurifères, de ceux au moins que nous connaissons?

M. Guinard évalue celle des alluvions du Boïna à 1 gramme par mètre cube de sable lavé, et celle des filons de quartz à 2 grammes. Cette proportion n'est pas très élevée. Mais n'oublions pas qu'elle s'applique à des milliards de mètres cubes; n'oublions pas que l'eau, pour le lavage des alluvions est abondante partout et à proximité, jamais en tous cas au delà de 20 kilomètres, tandis que, en Californie par exemple, elle se trouvait parfois à 200 kilomètres; que la main-d'œuvre, enfin, est à un prix extraordinaire de bon marché, moins de 0 fr. 50 pour un manœuvre, 1 fr. 25 pour un ouvrier du métier; et alors on comprendra cette parole de

M. Grandidier dans son allocution à la séance d'ouverture du Comité de Madagascar, que « les mines d'or sont le coffre-fort où l'on pourra puiser pour l'organisation du protectorat ».

Mais il n'y a pas que de l'or à Madagascar. Il y a une foule d'autres minéraux, tous très importants et très riches.

Il y a du *cuivre* dans beaucoup d'endroits de la concession Suberbie, à la baie de Bombetoka et ailleurs, parfois à l'état natif ou en minerais divers. Il y en a surtout des mines très remarquables, étudiées par M. Guinard, qui, de 1889 à 1892, les exploitait au compte du gouvernement malgache, à Ambatofanghana, endroit charmant, à 60 kilomètres par plein ouest d'Ambositra, à peu près à moitié chemin de Tananarive et de Fianarantsoa, à 1700 mètres d'altitude, sous le climat le plus sain et le plus agréable de tout Madagascar.

Le minerai est formé d'affleurements de malachite et d'azurite, d'une teneur de 17 à 18 pour 100. En profondeur, à partir de 18 mètres environ, il se transforme et, devenant sulfuré, passe au cuivre panaché avec la teneur énorme, qui n'existe nulle part ailleurs, de 30 pour 100.

Le *fer* existe presque partout, sous forme de particules de fer oligiste, d'hématite principalement et de minerais magnétiques; le *plomb* avec traces d'argent, en beaucoup d'endroits du plateau central, surtout vers l'Ankaratra; de même quelques autres minerais en faible quantité, de *zinc*, de *manganèse*, d'*antimoine*, etc.

M. Guinard aurait rencontré un fragment de minerai de *nickel*, mais il n'y a pas de minerai d'*étain* connu.

Il y a du *cristal de roche*, et, paraît-il, de splendides blocs dans l'Antsihanaka, près du lac Aloatra, et peut-être, plus au sud, sur le versant oriental.

On a rencontré aussi des pierres précieuses, des fragments de *rubis*, de *topaze émeraude*, de *saphir*, dans les sables des alluvions aurifères, c'est-à-dire au sud de Tananarive, dans le bassin de l'Onive et celui de la Mania; et à l'ouest, dans le bassin de l'Ikopa. Mais ceux trouvés jusqu'ici sont trop petits pour supporter la taille.

Y a-t-il des *diamants?* On n'en a pas découvert jusqu'ici. Cependant, M. Suberbie m'a affirmé en avoir vu un, entre les mains du premier ministre; et les lois malgaches, chaque fois qu'elles parlent de mines, les nomment toujours après l'or, l'argent, le cuivre, le plomb, les pierres précieuses, et avant le charbon de terre. N'y a-t-il pas là une indication?

Signalons encore du *kaolin* un peu au sud de Tananarive, à côté de Behenjy, et dans d'autres points de l'Ouest; *des calcaires à chaux* et *des calcaires azoïques*, à Ambatofanghana et au nord de Tananarive; des *calcaires de divers âges*, depuis le trias jusqu'au tertiaire, à partir de Suberbieville vers la mer; du *gypse de trias*, près d'Amparihibe; et, dans un autre ordre d'idées, beaucoup d'*eaux minérales*, sulfureuses, alcalines, ou autres, rappelant, autant qu'on peut s'en rendre compte, celles de Vichy, de Bourbon-l'Archambault, d'Aix-la-Chapelle, etc.

Enfin, parmi les combustibles, il faut noter des *lignites*, dans le Menavava, à divers endroits de la concession Suberbie, et vraisemblablement ailleurs; de la *tourbe* en un très grand nombre de points, en particulier dans la plaine du Mangoro, et celle de son affluent l'Onive, dans celle de l'Andrantsay, à l'ouest de Betafo; et enfin, dans celle de l'Ikopa, près de Tananarive. Des lacs recouverts de *naphte*, signalés déjà par le capitaine Guillain, et retrouvés depuis par M. Gauthier, seraient aussi une nouvelle source de richesse.

Mais, question plus importante, car de sa solution dépend en grande partie la mise en œuvre des autres richesses minières de l'île, y a-t-il de la *houille* à Madagascar?

M. Guinard a reconnu au nord-ouest un grand *bassin houiller*, comprenant les deux étages : *houiller* proprement dit et *permien*; et on lui en avait signalé deux autres que personne n'a prospectés, vers le cap Saint-Vincent et près de Tuléar.

Mais M. Guinard affirme en même temps que ce bassin du nord-ouest est stérile comme houille, les couches étant trop minces pour être rémunératrices. C'est aujourd'hui l'opinion reçue. Mais est-elle définitive? Je l'ai affirmé moi-même. Depuis, certains doutes me sont venus, qui me font au moins hésiter.

Je ne parle pas d'un commencement d'exploitation fait vers 1840 par un créole, et qui donnait quelques résultats, quand l'intervention armée du gouvernement de Tananarive vint l'arrêter.

Mais la Compagnie de Madagascar, formée en 1862, pour tirer parti de la splendide charte Lambert, fit étudier, dès 1863, par un ingénieur français, M. Guillemin, ce même bassin, et lui donna largement tous les moyens nécessaires pour mener à bonne fin une entreprise si importante. Or le rapport de cet ingénieur est complètement favorable. Suivant lui, en effet, le bassin s'étend depuis le cap Saint-Sébastien, par 12°,25, jusqu'au port Radama, par 14°, sur une longueur de 180 kilomètres, avec une largeur moyenne de 40 kilomètres. De plus, il se prolonge vers l'ouest, sous la région maritime des lacs et des îles, où des soulèvements basaltiques en ont ramené des lambeaux, par exemple à Nosy-Bé. Il aurait donc au total, sur la terre ferme, une surface de 7200 kilomètres; et, si l'on en défalque les accidents divers qu'on y rencontre, les soulèvements des roches éruptives, granite, porphyre, diorite et basaltes, il resterait au moins 4000 kilomètres, tandis que la surface totale des bassins houillers de France n'est que de 2800 kilomètres.

Mais ce n'est pas tout. D'après M. Guillemin, ce bassin « offre des dépôts d'une grande étendue et d'une parfaite homogénéité... Sur cinq affleurements reconnus, la houille présente à peu près toutes les variétés : houille sèche, houille grasse et houille à gaz. »

Voici, du reste, le résultat de l'analyse d'un échantillon de ce charbon fait à l'École des mines, par M. Moissenet :

Matières volatiles	15.80
Carbone fixe.	70.87
Cendres.	13.33
Total. . .	100.

Quant au peu d'épaisseur des couches, M. Guillemin l'a bien constaté également; mais, suivant lui, « l'exploitation des couches minières est mieux assurée et plus économique, et la multiplicité des couches compense leur peu de puissance ».

Que conclure de ces affirmations contradictoires?

Ceci, si je ne me trompe, que la question reste ouverte et que l'Ecole des mines de Paris devra au plus tôt envoyer une mission à Bavatolle, pour nous en donner la solution.

C'est à peu près tout ce que l'on sait aujourd'hui des richesses minéralogiques de Madagascar. Mais cela suffit pour justifier les conclusions les plus optimistes, et déjà, nous pouvons conclure que peu de pays sont aussi bien partagés sous ce rapport.

Et si l'on veut bien se rappeler que les exploitations géologiques et minéralogiques y sont toutes récentes, puisque, jusqu'à 1886, elles étaient rigoureusement interdites; qu'elles sont très difficiles, et à cause de l'absence de coupes visibles, et par suite du mauvais vouloir invincible du gouvernement et des indigènes, comme aussi du manque de sécurité à peu près universel; et que, par suite, une très faible partie de la grande île a pu être explorée, on conviendra que les éléments abondent pour que ce pays puisse trouver en son sous-sol un bel avenir industriel, pour que nos ingénieurs y puissent trouver un ample champ ouvert à leurs recherches, à leurs efforts et à leur succès.

Mais ce n'est pas le seul.

III

ENTREPRISES INDUSTRIELLES.

En même temps que les mines, et concurremment à leur exploitation, l'industrie et le commerce solliciteront l'attention du futur colon.

L'industrie d'abord, et en premier lieu ce que l'on pourrait appeler *l'outillage national* de Madagascar, c'est-à-dire ces grands travaux d'intérêt général, routes, chemins de fer, ports, canaux, etc., sans lesquels aucun commerce ne peut vivre, aucune industrie s'établir, ni aucune entreprise réussir.

De tout cela, il n'existe à peu près rien à Madagascar. Tous les transports s'y font à dos d'homme, en sorte que jusqu'ici, au point de vue physique, aussi bien qu'au point de vue politique, l'île est restée presque complètement fermée.

Evidemment, il n'y a pas de chemin de fer, sauf une dizaine de kilomètres d'un petit Decauville, sur la concession Suberbie. Et cependant, il faut au plus tôt que la capitale soit reliée à l'Océan, et que l'île soit traversée, de l'est à l'ouest, par une voie ferrée; qu'une autre rejoigne Tananarive à Fianarantsoa; qu'une troisième enfin desserve la côte orientale. Il y a donc, tout de suite, plus de 500, et bientôt après, plus de 1000 kilomètres de chemin de fer à construire, par suite un travail considérable, qui exigera, outre la main-d'œuvre locale, bien inexpérimentée et certainement insuffisante, beaucoup d'ingénieurs, beaucoup de contremaîtres, d'hommes de métier et de directeurs de travaux.

Il n'y a pas de routes non plus dans toute l'île, car les sentiers qu'on y voit, traversant en ligne droite montagnes et vallées, forêts et ruisseaux, au caprice des accidents de terrain, sans nivellement, sans réparation, sans travail aucun, même pour écarter un arbre tombé ou un rocher roulé en travers, ne méritent évidemment pas ce nom. Peut-on même les appeler un chemin? Ils sont dus au passage des voyageurs, à la pluie qui les a creusés, à mille autres causes naturelles, mais nous n'avons en France aucun sentier de montagne, aucun « chemin de chèvre » en aussi mauvais état.

Bien plus, ces chemins ne sont pas nombreux. Il y a, en effet, des contrées entières, par exemple, dans la forêt ou d'autres endroits déserts, où il n'y a absolument pas trace du plus misérable sentier. Et parfois, il faut faire un énorme détour pour aller d'un village à un autre qui se trouve tout près, car il n'existe pas de chemin direct pour y conduire.

Donc, il faudra construire des routes en très grand nombre et le plus rapidement possible.

On y appliquera la corvée, et le Malgache qui ne pourrait vous donner d'argent, parce qu'il en a fort peu, vous donnera son travail, vous prêtera ses bras, même pendant de longues journées, sans résistance ni récriminations, car il y est habitué. Et la corvée, qui alors changera de nom et deviendra un *système de prestations*, ne sera plus ni odieuse ni oppressive, ni même pénible, pourvu que : 1° elle soit équitablement répartie; 2° qu'elle ne soit appliquée qu'à des travaux d'une véritable utilité publique, et, autant que possible, d'une utilité évidente aux personnes mêmes qui y travailleront; 3° qu'elle ne soit pas excessive et laisse largement à chacun le temps nécessaire pour ses propres travaux, son industrie et son commerce.

Mais cette corvée, ces prestations, qui pourront être fort longues et durer peut-être, sans inconvénient, un mois, pour chaque personne et chaque année, surtout si on nourrissait les travailleurs, il faudra les surveiller, les conduire, les diriger. Et là encore, il faudra des émigrants.

Il en faudra également pour tous les autres travaux similaires, pour les ponts à jeter sur les cours d'eau, les rues à percer dans la capitale, à Tamatave, et ailleurs, les ports à aménager, les digues à construire. Car rien de tout cela n'existe à Madagascar, rien, si ce n'est un tronçon de rue construit derrière le palais du premier ministre par les soins d'un Français, M. Bouts, et la double digue de 30 kilomètres de long, élevée, il y aura bientôt un siècle, par le grand monarque hova Andrianampoïnimerina, sur les bords de l'Ikopa.

Il y aura aussi des canaux à construire, un surtout qui mérite une mention toute particulière, car il sera très facile et rendra les plus grands services.

Sur la côte orientale de Madagascar, depuis le 16°52' parallèle sud jusqu'au 22°25', depuis la Pointe à Larrée en face de l'île Sainte-Marie jusqu'à l'embouchure du Matitanana, s'étendent 600 kilomètres de lagunes, dont 450, au sud de Tamatave, ne sont séparés que par 21 petits isthmes, formant ensemble une longueur de 46 kilomètres. Couper ces isthmes, dont certains n'ont qu'une centaines de mètres, rejoindre ces vingt-deux lacs, creuser un chenal, là où la profondeur manque, ce ne sera qu'un jeu pour l'un de nos ingénieurs; et l'on aura ainsi, à peu de frais, creusé aux pirogues, aux boutres, aux barques de petit cabotage, qui supportent difficilement le remous de l'Océan, une voie sûre, à l'abri des vents du large, pour desservir la partie la plus riche de Madagascar.

Tels seront les principaux travaux d'intérêt général à entreprendre le plus tôt possible.

Il y en aura d'autres d'ordre privé, des entreprises industrielles proprement dites, qu'il sera urgent de commencer aussi très rapidement. Car, ici encore, à part une poterie et une fabrique de tuiles, montées par un Français près de Tananarive, et quelques industries locales, toutes rudimentaires, de ferblanterie, de fer, de travaux de terre et de tissage, il n'existe rien, rien, à Madagascar, et tout y est à faire, ou, pour parler plus exactement, à refaire.

Car, ne l'oublions jamais, quand nous parlons de Madagascar, de vraies merveilles industrielles y furent accomplies, de 1831 à 1857, par M Laborde, qui, ingénieur en chef de la reine Ranavalona Ire, seul, sans formation technique, sans ouvriers autres que des indigènes formés par lui, sans autre outillage que celui fabriqué par lui-même, dans l'espace de quelques années, y introduisait la plupart de nos industries.

Canons en fer et en cuivre; mortiers, fusils, sabres et épées; poudre, obus, fulminates, fusées; hauts-fourneaux pour le fer, l'acier et le cuivre; marmites en fer, verrerie, fabrique de porcelaine et de faïence; soieries, élevage, fours à chaux, cimenterie, couleurs, savons, acide, encre, potasse, tannerie, etc., rien ne fut oublié par cet homme de génie, par ce *grand Français* comme on l'appelle là-bas, et qui fut en même temps un *grand chrétien*. 10 000 Malgaches travaillaient sous ses ordres dans ses usines de *Mantasoa*, et, sous sa direction, Madagascar se transformait à vue d'œil.

Hélas! de tout cela, grâce à la barbarie hova, grâce surtout aux instigations et à la jalousie britanniques, il ne reste plus que des ruines. Ces ruines, c'est à nos ingénieurs, à nos industriels français, qu'il appartient de les relever; toutes ces industries et mille autres semblables, c'est à eux de les ressusciter.

Ils n'auront pas pour cela le secours de la corvée, comme l'eut M. Laborde; mais ils auront, ce qui vaut beaucoup mieux, la liberté, la sécurité, la protection de la France. Ils auront la même énergie, la même science, la même persévérance, et, qu'il me soit permis de l'espérer, la même bienveillance pour la mission catholique qui, à son tour, s'efforcera de les seconder et de les aider, comme elle aida toujours M. Laborde.

Mais, pour toutes ces créations et tous ces travaux, ils auront à lutter contre une difficulté bien spéciale à Madagascar, contre une difficulté qui sera d'abord un précieux avantage, mais qui pourrait rapidement compromettre bien des entreprises trop facilement engagées. Je veux dire l'habileté des indigènes.

Car ils sont véritablement très habiles en fait de travaux manuels, et le Hova, en particulier, peut tout imiter. Tout ce qu'il voit, il saura le reproduire : meubles, maisons, outils, produits manufacturés, etc. Il imitera une sculpture, il vous fera un violon, il vous cisèlera un vase d'or ou d'argent. Évidemment, il n'y mettra pas le fini d'un ouvrier parisien, mais il le fera à meilleur compte, et il réussira là où vous échouerez. De plus, il saura s'ingénier à copier une entreprise, à monter, à côté de la vôtre, une manufacture rivale, à vous faire, pour tout ce qui ne demande pas de grands capitaux ou des connaissances techniques spéciales, une concurrence ruineuse.

Il y a quelques jours, un industriel parisien me parlait d'une briqueterie à établir à Tananarive. « Combien pensez-vous vendre vos tuiles? lui demandai-je.. — Au moins 50 francs le mille. » Les Hova font des tuiles plates et bien cuites pour 5 francs. On peut conclure.

IV

COMMERCE.

Cependant cette concurrence est encore plus à redouter pour le commerce, et en particulier le commerce de détail.

Le Hova, en effet, est essentiellement marchand, autant que le Juif, et plus que le Chinois. En voici trois exemples qui me dispenseront de toute autre affirmation.

En 1891, deux Chinois montèrent à la capitale, espérant y faire fortune, comme ils le font partout ailleurs. Eh bien, ils échouèrent complètement et durent rapidement repartir. Je rencontrai le dernier quand je redescendais vers Tamatave.

Quelques jours plus tard, je voyageais à Bourbon, de la pointe des Galets à Saint-Denis, avec M. Rebut, le directeur d'une de nos grandes maisons de commerce de Madagascar. Or voici ce qu'il me raconta. Il a des comptoirs un peu partout sur les côtes est et sud, et une succursale à Tananarive. C'est chez lui, à Tamatave, que les marchands de toile d'Ambohimalaza s'approvisionnent, leurs frais de transport sont sensiblement les mêmes, et ils arrivent à lui faire, avec cela, une telle concurrence qu'il ne pouvait plus lutter, et était décidé à fermer sa maison de Tananarive. Ce seul fait en dit long.

Le troisième trait est plutôt amusant. Un revendeur hova achetait pour 17 piastres de toile chez un *vahaza* (blanc), à Tananarive. Le marché était conclu, et il allait emporter son ballot, quand un autre Hova entre; et là, séance tenante, le premier lui revend sa toile 21 piastres, gagnant ainsi 4 piastres, sous les yeux du *vahaza* ébahi, et sur son propre comptoir!

Il n'y a donc rien à faire, à Madagascar, pour le petit commerce, rien à faire pour nos détaillants.

Mais y a-t-il place au moins pour le grand commerce, pour celui qui exige des capitaux, le commerce d'exportation et d'importation?

Oui, à condition qu'il soit très prudent.

L'exportation réussira, mais sur une petite échelle d'abord, jusqu'à ce que l'île soit réellement ouverte aux étrangers, et que l'arrivée des colons ait suffisamment développé ses richesses naturelles. Quant à l'importation, on ne saurait trop recommander la réserve, surtout au commencement. Sinon, il arrivera ce que l'on vit après la guerre de 1883-1885. Les magasins s'encombreront, le marchand devra réaliser à tout prix, et, sous le coup de la faillite ou de la nécessité, livrer ses marchandises à un taux inférieur à celui auquel il les avait achetées à Marseille ou à Paris.

C'est qu'il y a fort peu de numéraire à Madagascar, et je ne crains pas d'exagérer en disant que, dans certains villages, même du centre, tous les habitants réunis ne possèdent pas 1 piastre. Avec cela, que voulez-vous qu'ils achètent?

Ce n'est pas le désir qui leur en manque; leurs besoins, pour modiques qu'ils soient, augmentent rapidement par leur contact avec les blancs qu'ils ambitionnent d'imiter. Mais, d'abord, il faut que notre présence au milieu d'eux, que les industries que nous y établirons, que la mise en œuvre des richesses naturelles de leur pays, les aient enrichis; il faut qu'une révolution économique se soit accomplie, avant que le commerce d'importation puisse y prendre un grand développement.

Cette révolution s'accomplira, soyez-en sûrs, et rapidement, mais suivez-la avec attention et ne la prévenez pas, sous peine de vous ruiner et de jeter le discrédit sur Madagascar.

Puis, il y a la concurrence étrangère.

Je me suis efforcé, par l'étude consciencieuse de tous les renseignements que nous possédons sur le mouvement commercial extérieur de Madagascar, d'arriver à quelques conclusions pratiques.

En voici le résumé :

1. Le mouvement commercial de la côte est, irait lentement en progressant, depuis la dernière guerre, et serait sensiblement revenu, avant la rupture, à ce qu'il était en 1881, c'est-à-dire à une trentaine de millions, importations et exportations comprises.

2. Les exportations, qui portent surtout sur des matières premières et des produits naturels : caoutchouc, cire, bœufs vivants, rofia, gomme copal, etc., sont encore inférieures aux importations, qui consistent principalement en tissus, liqueurs, articles de Paris, etc., mais elles tendent à s'en rapprocher.

3. La France vient seulement en troisième lieu dans le mouvement commercial, après l'Angleterre et les Etats-Unis.

Voici, du reste, d'après M. Foucart, le tableau, aussi approximatif qu'on peut le faire, de ce mouvement commercial par nationalité :

France et Réunion.	20 0/0
Angleterre, Maurice, Seychelles, Indes anglaises.	45 0/0
Amérique.	22 0/0
Allemagne.	10 0/0

Quelque chose, au moins, est rassurant, c'est que nous allons constamment, quoique lentement, en progressant. Ce qui fait la suprématie de l'Angleterre et des Etats-Unis, ce sont les toiles de coton écru qui, en 1890, formaient les deux tiers de l'importation de Tamatave, et qui sont leur apanage presque exclusif (2/3 pour l'Amérique, 1/3 pour l'Angleterre). L'Allemagne n'a qu'un chiffre d'affaires restreint, mais elle gagne rapidement, à Madagascar comme partout ailleurs, et il y a là, pour notre commerce, un danger peut-être plus sérieux que du côté de l'Angleterre ou des Etats-Unis.

Tout naturellement, les négociants français se tourneront vers l'Etat et demanderont, maintenant que Madagascar nous appartient, des tarifs protecteurs.

Il y aura quelque chose à faire de ce côté, et cela se fera aussi bien, pour le dire en passant, sinon mieux, sous le régime du protectorat que sous celui de l'annexion. Mais c'est à notre commerce aussi à se défendre lui-même, à perfectionner son outillage, à baisser ses prix de revient et de transit, à vouloir gagner moins sur chaque article, afin de vendre davantage, à suivre hardiment le mouvement des autres nations en rompant avec la routine, à s'habituer peu à peu à se rendre indépendant de secours artificiels qui ne pourront toujours durer.

V

L'AGRICULTURE.

Je causais un jour avec M. Guinard des richesses minérales de Madagascar, et lui manifestais mon espoir que là serait l'avenir de l'île : « Vous vous trompez, me dit-il tout à coup avec une certaine vivacité; ce n'est pas le *sous-sol* qui sera la richesse de l'île, c'est le *sol* même; et longtemps après que ses mines, et, en particulier, ses mines d'or, auront été épuisées, Madagascar sera une colonie très productive par ses récoltes et l'élevage des bestiaux. »

Paroles remarquables dans la bouche d'un ingénieur des mines, car c'est bien la culture et les productions du sol qui doivent essentiellement constituer la colonisation d'un pays et en assurer la véritable richesse.

Mais tout d'abord se pose une question préjudicielle et difficile à résoudre. Le sol de Madagascar est-il réellement fertile et peut-on en espérer de riches produits?

D'un côté, Madagascar est si grand qu'il y a un peu de tout dans ce petit continent : des zones riches et fertiles et d'autres qui paraissent arides; des contrées largement arrosées par des pluies fréquentes et abondantes, et d'autres désolées par une sécheresse extrême; des terres basses et propres à toutes les cultures intertropicales, et des plateaux élevés, où, peut-être, nos plantes d'Europe pourront prospérer. Il est donc impossible, à moins d'être très long, de rien dire de précis et de déterminé.

En second lieu, l'île n'est pas connue. Une faible partie seulement de son territoire a pu être parcourue par quelques rares explorateurs, que le manque de temps et la défiance des indigènes ont empêché de rien étudier à fond. En outre, nous n'avons pas de statistiques officielles et certaines, ni d'études approfondies sur les productions. Bien plus, il n'y a pas eu d'exploitation régulière, d'essai sérieux et poursuivi de colonisation, par suite, point de résultats acquis ou d'échecs constatés dans des circonstances favorables, permettant de baser une opinion. Tout y est à créer au point de vue agricole.

Tous ceux, en effet, qui ont étudié Madagascar, qui ont écrit sur son sol, diffèrent d'avis et se contredisent mutuellement, car l'opinion de chacun n'est guère faite que d'impressions personnelles, variables avec les désirs ou l'intérêt privé, de petits faits isolés souvent mal vus et toujours trop généralisés.

Je ne parle pas de M. Reaux (Francis), qui a écrit ce qui suit : « Le sol de Madagascar est d'une fertilité inouïe. La végétation s'y déploie avec une richesse et une exubérance incroyables..., c'est vraiment la terre promise »; ni de M. Waller, le célèbre consul des États-Unis, qui ne voyait partout que palmiers et magnificences orientales, et retrouvait la reine de Saba dans Ranavolona. Ceux-là font, par leurs dithyrambes, plus de tort à la cause de Madagascar que des adversaires déclarés.

Mais le prince d'Orléans, après un rapide voyage à travers l'île, en 1894, la quittait, « *convaincu de la richesse et de l'avenir de son plateau central*, où *la fertilité est partout à l'état latent* ». C'est également l'opinion de l'explorateur allemand Wolf.

Pour M. Grandidier, au contraire, « bien que certainement il y ait, çà et là, des *îlots* ou des *filons* de bonne terre, ces terres, dans leur ensemble, sont arides dans toute la partie de l'île où les conditions hygrométriques sont plus ou moins favorables, tandis que dans l'Ouest, et surtout dans le Sud, où le sol *silico-calcaire* serait meilleur pour la végétation, la rareté des pluies oppose aux plantations de grandes et sérieuses difficultés ».

D'autres sont encore beaucoup plus décourageants.

Que conclure de ce manque de renseignements et de ces opinions contradictoires?

Sans vouloir entrer dans aucun détail, je croirai ne pas me tromper, en m'en tenant au jugement d'un homme haut placé, de grand sens et de grand jugement, celui-là même envers qui la France n'aura jamais assez de reconnaissance pour son intervention décisive dans les difficultés avec la cour d'Imerina, notre ancien Résident général, M. Larrouy. Or, dans une lettre officielle, écrite le 27 juin 1894, au gouvernement de Bourbon, afin d'arrêter, à cette époque critique, l'immigration créole, M. Larrouy n'hésite pas à reconnaître que « *le pays paraît offrir aux planteurs les plus grandes ressources* et que *c'est de la culture du sol que naîtra la richesse future de Madagascar* ». C'est là, je crois, la vérité, et je me plais, « malgré la nature du sol assez dur et formé de sédiments quaternaires argileux, à faire fond, avec M. Guinard, sur les éléments basiques qui interviennent et le modifient, sur le voisinage des soulèvements basaltiques, les régions volcaniques, les grands bassins calcaires, où le terrain semble plus léger; surtout sur l'eau si abondante et permettant d'irriguer à peu près partout, et sur la température et les rayons d'un soleil produisant des merveilles, là où il y a tant soit peu de fond et d'eau ».

Seulement, pour sortir un peu des généralités, je diviserai, avec le P. de La Vaissière, le sol de la grande île en trois zones :

1° La zone maritime, assez étendue à l'ouest, beaucoup plus étroite à l'est, qui paraît être fertile et susceptible de nourrir de riches exploitations.

2° Une région moyenne, située entre 400 et 1000 mètres d'altitude, peu exploitée, assez peu habitée, et cependant, sans contredit, la partie de l'île la plus favorable à toutes sortes de cultures.

3° Enfin la zone centrale, qui constitue la partie principale de l'île, déboisée, dénudée, aride, sauf dans les vallées et sur le penchant des collines, où cependant il y aura beaucoup à faire, parce que le climat y est meilleur, et que la population y est relativement dense.

Et puis, pour ces plateaux, et, en général, pour tout le sol de Madagascar, je ferai, après M. Grandidier, — qu'il faut toujours mettre en première ligne quand il s'agit de la grande île, — les trois restrictions suivantes :

1° Ce sol a été appauvri par le déboisement, le ravinement des montagnes, et l'entraînement des matières solubles et utiles à la végétation, par suite de ce déboisement, et sous l'action des pluies : d'où nécessité de reboiser.

2° Il est généralement dur et compact. Il faudra donc un travail sérieux de défrichement, d'assolement et de culture, qui exigera beaucoup de bras.

3° Il est relativement pauvre, au moins dans son ensemble, et devra, par suite, être fortement amendé.

Evidemment, ce sont là de sérieuses difficultés, qui pourtant ne doivent décourager personne, car, avec de l'énergie, de la patience et de la persévérance, on arrivera à les surmonter.

Le reboisement ne pourra se produire qu'à la longue. Mais il se produira sûrement, sous l'action de quelques sages règlements d'intérêt général, pour arrêter la destruction des forêts d'abord, pour interdire ensuite aux indigènes de mettre annuellement le feu aux herbes sèches des montagnes, et de détruire ainsi tous les plants nouveaux.

Les colons y contribueront également, en semant, soit des essences à croissance rapide, dont ils tireront des planches et autres bois de construction, soit le *mimosa fourrager* de la Réunion, qui améliore le sol, fournit du combustible et permet l'élevage.

Quant à l'amendement des terres, sans vouloir parler des engrais chimiques, qu'il sera peut-être difficile, au commencement, de fabriquer sur place, et qui coûteraient trop cher s'il fallait les faire venir du dehors ; sans parler même des phosphates, que l'on obtiendrait cependant à bon compte, en brûlant les os et autres détritus semblables, je n'hésite pas à affirmer, avec un jeune colon de Vatomandry, que « dans un pays où les bœufs maigres valent 20 francs l'un, on est sûr de réussir, même dans les plus mauvaises terres, en les amendant, à l'aide d'un troupeau, dont l'achat n'est même pas un sacrifice ».

En attendant, « on prendrait les terres les meilleures, soit les terrains d'alluvion aux bords des fleuves et des rivières, soit certaines vallées où les détritus se sont amoncelés depuis de longues années, ou même la terre rouge argileuse, pourvu que le tuf ou l'argile compacte ne se trouve pas trop près de la surface ».

Reste un troisième obstacle, peut-être plus difficile à surmonter : le petit nombre de travailleurs. Il tient à plusieurs causes, à la rareté des habitants : Madagascar n'en a pas 5 millions, et il y aurait place tout de suite pour 25 millions ; à la paresse et à l'inconstance natives, qui sont très grandes et, en certains endroits, insurmontables ; à l'organisation sociale et au mauvais vouloir invincible des autorités hovas. Mais, de toutes ces causes, la dernière n'existe déjà plus, car l'on peut être certain que les administrateurs locaux obéiront avec empressement à l'impulsion donnée de Tananarive, si surtout ils y trouvent leur avantage. De plus, il y a des peuples travailleurs à Madagascar, par exemple les Antoïmoro du Sud-Ouest, qui émigrent un peu partout, et vont louer leurs bras, à Vatomandry, à Mahanoro, à Tamatave, jusque vers Diégo-Suarez et dans le Boïna. Les autres le deviendront, et je suis convaincu que, si de longtemps l'on ne peut compter sur le secours des Sakalaves et des autres tribus similaires, trop sauvages, trop nomades et trop indisciplinées pour se soumettre à un travail régulier, on peut du moins espérer que l'amour du gain, ou la nécessité de satisfaire à des besoins nouveaux créés par le contact avec les blancs, amèneront rapidement certains Betsimisaraka, les Hovas surtout et les Betsileo, à comprendre l'importance du travail et à prêter au colon un utile et persévérant concours. Au besoin, ne serait-il pas possible d'introduire du dehors la main-d'œuvre que l'on ne rencontrerait pas sur place en suffisante quantité?

Pour conclure donc, si le sol de Madagascar n'a pas la richesse de ces terrains alluvionnaires du Brésil et de l'Amérique centrale, dont la fertilité est inépuisable, il n'est pas, dans son ensemble, tellement aride qu'une culture intelligente et persévérante ne puisse en retirer de riches produits.

VI

DIVERS PRODUITS DU SOL

Mais ces produits sont-ils nombreux?

Oui, très nombreux, et peu de pays au monde présentent une telle variété de productions.

Par sa situation géographique, en effet, Madagascar comporte toutes les cultures intertropicales; et sa configuration physique permet, par la hauteur et la fraîcheur relative de ses plateaux, d'y essayer l'acclimation de presque tous les produits de nos climats tempérés.

Cette remarque seule, banale à force d'être répétée, mais qui n'en reste pas moins vraie, devrait suffire pour légitimer les plus brillantes espérances. Car enfin, parmi tous ces produits, il ne peut manquer de s'en rencontrer qui prospéreront et dont l'écoulement, se trouvant assuré par les besoins de nos pays d'Europe, assurera le succès de la colonisation.

On ne s'attend pas à ce que je donne la nomenclature complète de toutes ces productions. Mais je dois indiquer au moins les principales.

La première est le *riz*, avec ses multiples espèces, et qui forme la base de la nourriture des indigènes. De celui-là, il n'y a rien à dire, si ce n'est qu'il est excellent, et que les Malgaches le cultivent aussi bien que nous saurions le faire, au moins dans l'intérieur de l'île. Du reste, ce ne sera pas là vraisemblablement le premier souci d'un colon.

Viennent ensuite, réussissant à peu près partout :

Le *manioc*, qui pourrait servir à la fabrication du tapioca, mais qui, du moins, est très utile pour l'élevage des bestiaux;

La *patate*, employée au même usage;

La *pomme de terre*, importée d'Europe, mais si bien acclimatée, en particulier dans l'Ankaratra, qu'elle y pousse à l'état sauvage;

Le *maïs*, qui réussit très bien partout, et donne facilement deux récoltes par an;

Les *haricots* ou *pois du Cap*, surtout vers le Sud-Ouest, où ils sont l'objet d'un commerce d'exportation assez important;

Tous nos *légumes d'Europe* : choux, carottes, navets, oignons, salades, haricots, céleri, artichauts, etc., etc., qui poussent partout où on les cultive, près de Diègo-Suarez notamment, à Tamatave et à Tananarive, où les indigènes les font venir pour les revendre aux *vahaza;*

Et, dans un autre genre :

Tous nos fruits de France : pommes, pêches, figues, citrons, nèfles, oranges. Ces dernières sont délicieuses, en particulier à Maromby, non loin de la côte, sur le chemin de Tamatave à Tananarive.

Puis, tous les fruits des tropiques :

Le *bananier*, qui réussit partout, mais principalement sur la côte orientale; et tout particulièrement la petite banane, connue sous le nom de banane de Bourbon;

L'*anana* qui, au contraire, vient surtout vers le centre, aux environs de Tananarive, où il ne coûte presque rien;

Le *manguier*, très commun également partout, quoiqu'il préfère la côte, et qui, en même temps qu'un arbre fruitier, est un arbre d'ornementation;

Le *cocotier*, cultivé surtout au Nord-Ouest, aux environs d'Anorotsanga, où un pied rapporte, au bout de cinq à six ans, 5 ou 6 francs par an;

Le *jacquier*, le *papayer*, le *grenadier*, le *goyavier*, l'*arachide*, qui croît surtout vers le centre, où elle est connue sous le nom de *pistaches de terre*, et mille autres.

Notons encore, à un autre titre :

L'*indigotier*, qui pousse à l'état sauvage dans presque toute l'île;

Le *géranium*, utile pour son essence;

Le *mûrier*, introduit par M. Laborde, mais si bien acclimaté qu'il est devenu commun, surtout dans l'intérieur de l'île, où il réussit merveilleusement. Il nourrit un ver à soie, importé de Chine par le même M. Laborde, un peu abâtardi nécessairement, mais dont le cocon très blanc donne cependant de 2000 à 3000 mètres de fil. Le prix actuel de 1 kilogramme de soie, montée en écheveaux, à Tananarive, est de 18 francs.

Un autre arbuste, très vivace, commun sur les hauts plateaux, mais surtout vers l'Ouest, l'*embrévatier*, qui nourrit, sans culture et sans soins, un bombycien indigène, dont la soie moins brillante que la nôtre, est incomparablement plus solide et plus durable. On ne la dévide point, mais on la file comme un paquet d'étoupes, et c'est avec elle que l'on fait des *lamba* inusables, en particulier ceux dont on enveloppe les morts.

Enfin, parmi les plantes textiles :

Le *coton*, que les indigènes cultivaient autrefois, pour en recueillir les gousses, dont ils fabriquaient eux-mêmes leurs vêtements. Il a été délaissé à cause du bas prix des cotonnades américaines. Mais le fait qu'il réussit très bien, tout spécialement sur les côtes, et la grande consommation que l'on fait de toiles écrues dans toute l'île, semblent indiquer dans sa culture une des exploitations de l'avenir et une des richesses de Madagascar, aussitôt que l'espoir d'avoir des travailleurs en nombre suffisant pour la récolte permettra de s'en occuper.

La *ramie* pousse presque à l'état sauvage, en particulier près de Vatomandry. Mais elle a été abandonnée, faute de machines à décortiquer.

Le *chanvre* réussit sur les plateaux de l'intérieur, aux endroits abrités.

L'*aloès* vient partout et sert aux indigènes à fabriquer des objets de sparterie.

Le blé et la vigne réussiraient peut-être sur les hauts plateaux. Toutefois les essais tentés, en particulier par la Mission catholique, n'ont pas été assez longs, et surtout, faits dans d'assez bonnes conditions pour être concluants.

La vigne promet plus que le blé. Dans la campagne de la Mission catholique, les ceps français ont été attaqués par l'oïdium ; ailleurs ils paraissent réussir. Les ceps américains, non greffés, viennent partout. Enfin, il semble y avoir une vigne indigène, importée probablement autrefois par les Portugais ou par Flacourt, et retrouvée dans le Sud par le comte de Modave, en 1745, qui pousse très bien et donne de bons fruits. J'espère que, de ce côté-là, des essais méthodiques et poursuivis donneront de bons résultats, au moins sur les hauts plateaux, vers Ambositra et dans l'Ankaratra principalement.

Cependant, au moins dès le principe, le fond des futures exploitations agricoles à Madagascar, consistera surtout dans la culture du café, du caoutchouc, de la vanille, du cacaoyer et de la canne à sucre.

La *canne à sucre*, surtout vers l'Est, réussit admirablement. Elle peut atteindre jusqu'à 3 mètres de haut et devient de la grosseur du poignet. Cependant, il n'y a pas eu jusqu'ici de grandes exploitations, ni de sucreries bien montées avec les méthodes nouvelles par diffusion; et, par deux fois, la guerre est venue interrompre les essais commencés et qui promettaient d'être rémunérateurs. Le coût d'une plantation de cannes est, d'après l'évaluation de M. d'Anthoüard, de 150 francs par an, et le rendement moyen, de 2000 kilos ou de 600 francs, au prix de 30 francs les 100 kilos.

La *vanille* réussirait encore mieux sur la côte orientale que la canne à sucre. Sa culture méthodique date surtout depuis la fin de la dernière guerre. En 1890, M. d'Anthoüard comptait déjà quarante vanilleries, disséminées le long de la côte depuis Fénérife jusqu'à Mananjary, dont 184 000 pieds aux environs de Vatomandry. Il faut à peu près 1250 francs pour planter et entretenir un arpent de vanille (34 arcs 19 centiares) pendant trois ans, jusqu'à ce qu'elle commence à donner. Son produit dès la quatrième année est de 100 kilos par arpent.

L'histoire du *cacaoyer* est curieuse. Avant la guerre de 1883-1885, il y en avait seulement de 500 à 600 pieds, importés de Maurice et de Bourbon, et disséminés un peu partout. Or, après la guerre, quelle ne fut pas la surprise des colons, alors que tout le reste avait péri, de retrouver leur cacaoyers, plantés cependant sur de vieilles caféiries, c'est-à-dire sur des terres épuisées, en pleine prospérité! L'épreuve était concluante et leur culture se développe avec rapidité. On en comptait déjà 150 000 pieds en 1888, et, en 1890, plus de vingt plantations commençaient à rapporter. Le cacaoyer commence à donner au bout de trois ans, mais n'est en plein rapport qu'après cinq ans. Chaque pied donne alors à peu près 300 fruits.

Je ne m'étendrai pas sur l'*arbre à caoutchouc* du Sud, découvert il y a seulement quatre ou cinq ans, et qui, certainement, est appelé à donner les meilleurs résultats. Mais il faudra le cultiver, et surtout le préserver contre l'imprévoyance des naturels, qui, pour en récolter le jus, le coupent et le détruisent, au risque de le faire disparaître complètement, comme ils font disparaître la liane de presque toute la côte est. Pour quelqu'un qui aurait des capitaux disponibles, et pourrait attendre de huit à dix ans l'intérêt de son argent, je ne crois pas qu'il puisse se rencontrer aucune autre culture également rémunératrice.

Mais la grande exploitation agricole de Madagascar sera sans aucun doute celle du *café*, et c'est sur lui que se porte tout d'abord la pensée de tous.

Cultivé en petit, près des villages, ou en des endroits bien choisis et bien abrités, le café, même le café, délicat mais exquis, de Bourbon, réussit très bien à Madagascar, et je me rappelle telle ou telle petite plantation, sur la route d'Andevoranto à la capitale, ou dans cette dernière ville, par exemple au nord de la place de Mahamasina, dans la cour de l'église Saint-Joseph, dont les arbres pliaient littéralement sous le poids de leurs baies. Mais les cultures en grand ont donné jusqu'ici beaucoup de mécomptes.

Sur la côte est, le café de Bourbon poussait d'abord rapidement, puis, au bout de trois ou quatre ans, dépérissait peu à peu, ne donnant que de minces résultats, ou bien mourait atteint par l'*hemileïa vastatrix*, importée de Ceylan. Heureusement que le *Libéria*, introduit depuis, résiste mieux et semble autoriser de sérieuses espérances. Je sais plusieurs plantations, une surtout qui, méthodiquement conduite, fera école, qui, en tout cas, promettait beaucoup avant la dernière guerre, celle de M. Paul Brée, à Vatomandry.

M. Rigaut fait dans le Centre, à Ivato, une expérience intéressante. Il y a là 160 000 pieds de café de Bourbon en plein vent, qui, après des tâtonnements et des déceptions, paraissent devoir donner de bons résultats. S'il réussit, la preuve sera faite. S'il échoue, il ne faudra pas se décourager, car l'emplacement, — il a pris ce qu'il a pu obtenir, — est loin d'être idéal.

Enfin les Malgaches eux-mêmes, tentés par la vente toujours assurée et très rémunératrice du café, en entreprennent la culture, surtout chez les Vonizongo, à l'ouest de l'Imerina, et tout le monde compte que l'on réussira.

Je ne parlerai pas du *thé*, dont l'introduction a été tentée par les soins de l'ancien premier ministre Rainilairivona, sur le versant oriental de la grande arête faîtière, à Ambodinangavo, à côté du chemin de Tamatave à Tananarive, parce que ce n'est là qu'un essai encore problématique, et qui, en tout cas, est loin d'avoir la même importance que les cultures précédentes.

Mais si, à toutes ces exploitations, et à bien d'autres que je n'ai pas nommées, l'on ajoute le produit des forêts : bois de toute sorte et de toute valeur, — au nombre de plus de 80 espèces différentes, dont certaines de premier ordre, — cire, gomme, copal, essences diverses, etc.; si surtout, l'on y joint l'élevage des animaux domestiques, dont le succès est certain, on comprendra que ce mot de M. Guinard, repris ensuite par M. Larrouy, « que l'avenir de

Madagascar est dans son sol », n'est nullement exagéré, mais qu'il exprime au contraire la simple vérité.

Je ne puis pas m'étendre longtemps sur cet élevage des animaux domestiques. Un mot suffira. Il est assuré, et il comprend, ou au moins il peut comprendre, tous nos animaux de France, outre un ou deux qui sont propres à Madagascar.

Il y a d'abord le *bœuf malgache*, différent du nôtre par la grosse bosse ou loupe graisseuse qu'il a entre les épaules, et assez semblable au *zébu*, si commun dans les parties méridionales de l'Asie. Il est très répandu, surtout en certains endroits, où l'excellence et l'abondance des pâturages facilitent sa reproduction; au Nord, chez les Antankara et dans les environs de Vohemar; sur la côte est, entre Mahanoro et Mananjary, ainsi que du côté de Maintirano et de Morondava; au Sud, vers Fort-Dauphin; dans le Centre, chez les Antsihanaka, dans toute l'Imerina et chez les Betsileo. On en consomme sur place, ou bien l'on en exporte, à Maurice et à Bourbon, près de 300 000 têtes par année. Quelques animaux d'origine française, des vaches normandes et bretonnes avaient été introduites par M. Laborde, et ce premier essai promettait beaucoup, s'il avait été continué, surtout par ses croisements avec la race indigène.

Le même M. Laborde avait essayé l'acclimatation du *mouton à laine*. Depuis, M. Rigaut a repris, à Ivato, la même tentative, compromise une première fois par les révolutions de la grande île, et ses essais sont pleins de promesses. Mais, vînt-il à échouer, qu'il ne faudrait pas se lasser. Car je suis convaincu qu'il y a là pour Madagascar « la création d'une source de richesses immenses, encore inconnues dans l'île [1] », aussitôt que l'on aura trouvé une race propre à son sol et à son climat. Les moutons actuels, en effet, petits, sans laine, à large queue, comme ceux que l'on rencontre en Afrique et en Asie, ne valent rien, même pour l'alimentation, leur viande étant sèche et peu agréable.

Nos diverses bêtes de somme, *chevaux*, *ânes*, *mulets*, s'acclimatent parfaitement à Madagascar, et sont appelées, tout le monde le comprend, à y rendre les plus grands services. Il y a déjà quelques éleveurs de chevaux aux environs de Tananarive, dans les prairies, le long de l'Ikopa; mais les croisements sont mal faits, et la race mélangée : normande, arabe, australienne, annamite. De plus, l'influence du pays se manifeste par un abaissement de la taille. Mais, en revanche, ces chevaux sont très solides, très résistants, et ont le pied très sûr.

[1] Prince H. d'Orléans.

Il faudrait dire des *chèvres* à peu près ce que nous avons dit du mouton; la même chose aussi des *porcs*, très nombreux partout où les usages locaux les tolèrent.

Les *volailles*, au contraire, sont les mêmes qu'en France, et pullulent littéralement, surtout sur le plateau central, où elles se vendent à des prix fabuleux de bon marché : 0 fr. 20 à 0 fr. 30 pour un poulet; 1 fr. 25, une oie grasse ou une dinde; 0 fr. 40, un canard, etc.

Il y a là de quoi faire le bonheur des femmes de nos futurs colons, et on y trouvera aussi une source abondante de revenus par la création d'industries spéciales.

Ainsi, de quelque côté qu'on l'envisage, l'avenir de l'agriculture à Madagascar se présente plein de promesses, si toutefois il se rencontre, pour mettre en œuvre ces richesses, des hommes d'initiative et de valeur, pourvus de capitaux suffisants.

VII

DES COLONS.

Or l'argent ne manquera pas. On dit que nos capitaux français sont timides, surtout pour des entreprises industrielles. C'est malheureusement vrai. Mais là aussi, comme pour tout ce qui regarde la colonisation, notre éducation se fait, rapide et sûre. Notre essort colonial ne date pas de quinze ans, et déjà que de résultats obtenus! Les capitaux ont-ils manqué en Tunisie? Ce sera la même chose pour Madagascar, pourvu cependant que des insuccès réitérés ne viennent pas effrayer les hommes de bonne volonté. Il y a cinq ou six mois, c'est par centaines de millions que l'on comptait l'argent prêt à s'aventurer à Madagascar.

Les hommes ne manqueront pas non plus.

Il en viendra d'abord de France. Il ne faut pas, en effet, avoir observé beaucoup, pour se rendre compte du grand nombre de jeunes gens, instruits et jouissant de quelque aisance, qui seraient heureux de se créer une situation, de devenir indépendants et d'augmenter leur fortune. De ceux-là, plusieurs iront à Madagascar, et ils y réussiront.

Il en viendra aussi de Maurice et de Bourbon; et ils seront d'autant plus précieux qu'ils sont déjà acclimatés et pourront travailler là où un Européen ne doit pas le faire, heureux s'ils sont, en même temps, sobres, persévérants, travailleurs.

Il en viendra des pays étrangers. Il faudra les accueillir, surtout ceux d'Europe, pourvu qu'ils se soumettent à nos lois et à notre influence. Bientôt, en effet, s'ils réussissent, ils se feront naturaliser, eux ou leurs enfants, et ainsi s'augmentera le nombre des Français de la « France Orientale ».

Il en viendra aussi de l'Inde, de la Chine, de l'Afrique. Faudra-t-il les exclure? D'abord, ce serait bien difficile, pour ne pas dire impossible. Et puis, s'ils ne se tiennent pas invinciblement isolés des autres habitants, formant, pour ainsi dire, bande à part, mais, au contraire, se fondent et se mélangent avec eux, ce sera une nouvelle force qu'ils apporteront, de nouveaux bras, de nouveaux éléments pour une œuvre commune de civilisation. Il n'y a qu'une seule race que je regrette de voir établie à Madagascar, précisément parce qu'elle ne fusionne jamais avec les autres races, et ne vit partout que pour opprimer et corrompre, n'ayant toujours en vue que son propre intérêt, et jamais celui de la communauté, la race arabe. Mais, même celle-là, comment arriver à l'éliminer? Il n'y aura donc qu'à s'en défendre, le mieux possible, comme de la race juive, en France.

Donc, il y aura des colons pour aller à Madagascar. Mais ce n'est pas tout. Il faut aussi qu'ils aient certaines qualités, et possèdent certains moyens d'action.

Qu'ils jouissent, d'abord, d'une bonne santé et soient encore dans toute la vigueur de l'âge. Hélas! nous ne le savons que trop, le climat de Madagascar est dangereux. Sans doute, il ne faut rien exagérer. Avec des soins, avec de l'hygiène, surtout avec une vie réglée et exempte de tout excès, on peut y vivre et y travailler longtemps, vingt, trente et quarante ans. Mais on peut facilement y mourir aussi, et une personne anémiée, épuisée ou non encore suffisamment formée, fera mieux de rester en France.

Qu'ils aient ensuite une certaine instruction ou au moins cette formation pratique qui en tient lieu. Longtemps, encore, à Madagascar, on manquera à peu près de tout, et il faudra tout se procurer, souvent tout faire, par soi-même. Dans ces conditions, on le comprend facilement, un simple employé de librairie, un jeune homme avec son diplôme de bachelier, un enfant qui ne sait que faire des courses dans les rues de Paris, s'y trouveraient passablement dépaysés.

Qu'ils soient courageux et persévérants, car les difficultés ne leur manqueront pas, surtout au commencement.

Il y aura l'ignorance de la langue, et la nécessité de s'acclimater, dans un pays tout différent du nôtre; il y aura l'isolement, partout si pénible, mais qui le devient encore davantage, dans un pays neuf, au milieu d'une race étrangère, à laquelle on ne devra jamais se livrer, avec laquelle on ne pourra jamais entrer en communication d'idées ou de sentiments; il y aura la fièvre, l'anémie, et je ne sais quelle usure physique et intellectuelle, presque inévitable, qui diminue l'énergie et émousse les courages les mieux trempés; il y aura la méfiance native des indigènes et leurs innombrables défauts : mensonge, paresse, amour du vol, ivrognerie, etc., etc.; puis, les mécomptes, les accidents, les malheurs, etc., qui peuvent tout détruire en un jour.

On comprend quelle force surhumaine, et surtout, quelle persévérance il faut pour lutter contre de telles difficultés.

Le malheur est que nous manquons surtout de cette persévérance, dans les colonies aussi bien qu'en France, que nous ne sommes pas assez tenaces ni assez constamment ambitieux. Si un Français a amassé un commencement de fortune à l'étranger, le mal du pays le prendra et il n'aura de cesse qu'il ne soit rentré pour la dépenser en France, abandonnant pour cela les plus belles espérances, même une fortune assurée.

Avec cela on ne fait rien, on ne peut prospérer nulle part.

Que nos futurs colons aient aussi une certaine avance d'argent. Ce n'est pas sans une vive appréhension que j'ai entendu un homme public promouvoir la colonisation à Madagascar *par les petites gens.* Je connais le peuple et je l'aime de tout mon cœur. J'ai vu beaucoup de ces hommes de bonne volonté, qui ne demandent qu'à travailler, et pour qui il n'y a aucun avenir en France. A ceux-là j'aimerais à dire : Allez à Madagascar et vous vous y créerez une situation. Mais je n'en ai pas le droit, et par amour pour eux, et par amour pour Madagascar. Ils iront, soit; l'État leur accordera un passage gratuit, leur donnera une concession, leur garantira quelques vivres. Et puis, après? Après, ils échoueront; après, ils mourront de faim et de misère; après, il faudra les rapatrier, ayant perdu tout ce qu'ils possédaient, et les jeter sur le pavé; après, ce seront des hommes aigris, mourant de faim, et jetant partout le discrédit sur la terre de Madagascar.

Non, et cela il faut le redire à toute occasion, car c'est l'exacte vérité, un homme ne devrait jamais aller à Madagascar, si quelqu'un ne lui garantît du travail et une rémunération convenable; ou bien si, lui-même, voulant travailler pour son propre compte, ne peut dépenser 500 francs par mois pendant cinq ou six ans, s'il ne possède un capital minimum de 30 000 francs.

Je voudrais enfin de l'honnêteté et de la moralité chez un colon.

J'ai entendu, il y a quelque temps, un mot frappant de la bouche de M. Chaillet-Bert : « Si la France est descendue si bas, me disait-il, qu'elle ne se relèvera peut-être jamais, la principale raison, c'est que, depuis longtemps, on ne demande que de l'intelligence et pas de moralité. » Or, si cela est vrai pour nous en France, à combien plus forte raison dans un pays nouveau, où tout est à créer, au point de vue moral encore plus qu'au point de vue matériel, où il n'y a pas d'honnêteté, pas de mœurs, pas de famille, au sens élevé de ce mot; où il faudrait donner à ces pauvres gens l'exemple de la loyauté dans les affaires, de la sûreté dans les relations, de la fidélité dans le mariage, de la moralité dans la conduite; où toute une éducation est à faire.

Aussi ne saurais-je assez protester contre cette idée de coloniser Madagascar *avec des déportés*. Ce serait plus qu'une folie, ce serait un crime qui, sans tarder, retomberait vite sur le pays qui l'aurait commis.

Vos déportés, savez-vous ce qu'ils feraient? Ils se vautreraient dans tous les vices; ils vivraient de vol et de brigandage; ils prendraient la brousse et se feraient chefs de bande, d'autant plus redoutables qu'ils seraient plus expérimentés dans le vice, et vous devriez bientôt les pourchasser comme des bêtes fauves. On ne fait pas de l'ordre avec des éléments de désordre, de la vertu avec des éléments de corruption, des honnêtes gens avec des voleurs. Voyez la Nouvelle-Calédonie si riche et qui, cependant, dépérit, parce qu'on en a fait un lieu de déportation. Voyez l'Australie, qui n'a pris son splendide essor, que lorsqu'on a cessé d'y transporter les *convicts* et qu'elle a été peuplée par cette race saxonne si pleine de ressources, par cette race irlandaise surtout, turbulente parfois, mais si honnête, si chaste et si chrétienne.

Je voudrais une dernière chose, chez le futur colon de Madagascar, qui assurerait tout le reste et serait une garantie du succès. *Je voudrais des hommes respectant toujours et, autant que possible, pratiquant leur religion.* Il ne s'agit pas ici de prosélytisme, de coercition, ni de rien qui en approche. Mais il est bien certain qu'on ne fera rien de sérieux pour civiliser un peuple, si l'on ne met de fortes croyances à la base; il est bien certain que les missionnaires seront les meilleurs ouvriers, les plus écoutés, et les plus aptes à régénérer, relever, refaire ses mœurs, sa conduite, sa nature doublement viciée et doublement dégradée. Certains instincts, certaines passions, pourront n'y pas trouver leur compte; certains préjugés également, qu'il faudra savoir laisser dans la vieille Europe, où, du reste, ils ne devraient pas exister.

Jusqu'ici, je n'ai rien dit de l'action de l'Etat dans cette grande œuvre de la colonisation de Madagascar. Le fait est que je la voudrais aussi restreinte que possible, sollicitant, protégeant, aidant l'initiative privée et les entreprises particulières, ne les entravant jamais et ne se substituant jamais à elle. Partout où l'Etat a voulu se faire colon, il a échoué. Partout, au contraire, où de sérieuses entreprises privées ont été essayées par des particuliers ou par des sociétés, à l'abri des lois et sous la protection de la France, elles ont réussi. Que l'expérience du passé, et en particulier celle de la Tunisie et de l'Algérie, pour ne parler pas de Diego-Suarez, où l'on n'a encore rien obtenu, nous serve de leçon, et ne recommençons pas toujours des essais désastreux.

Je voudrais donc qu'après les grands travaux d'utilité publique, dont nous avons parlé au cours de cet article, et qui, nécessairement, devront être exécutés par l'Etat, ou mieux encore, sous sa direction et son contrôle; qu'après un service sérieux de renseignements, soit en France, soit sur place, à la capitale et aux ports de débarquement; qu'après peut-être un jardin d'acclimatation dans un endroit bien choisi de l'île, le protectorat se contentât d'assurer aux futurs colons la propriété et la tranquille possession des terrains qu'ils auront acquis, en même temps que la sécurité complète pour leurs personnes et leurs biens; qu'il les aidât, dans la mesure du possible, par de sages règlements d'utilité publique, à trouver un emplacement, à recruter des travailleurs, à se procurer les matières nécessaires à leurs entreprises, à écouler facilement leurs produits; qu'il leur accorde enfin, pendant quelque temps au moins, des facilités particulières de passage et de transport, avec diminution, sinon exemption complète, des charges publiques; et ce sera assez pour que des hommes, tels que ceux que nous avons décrits, réussissent à Madagascar. Si les autres n'y vont pas, ou, après y être allés, n'y réussissent pas, ce ne pourra être qu'un avantage pour la future colonie.

Peut-être même ne serait-il pas sage d'accorder trop facilement des concessions. Pour les mines, pour les grands travaux publics, pour la mise en œuvre des forêts, etc., cela pourra être nécessaire. Mais qu'alors ces concessions soient bien délimitées, d'une étendue restreinte et soumises à des droits et à des règlements certains, qui éloignent la possibilité de tout abus. Quant au système des concessions gratuites, des villages officiels, pour la colonisation strictement dite, il n'a donné que de mauvais résultats, même à côté de nous, en Algérie, où l'on a dû y renoncer, et le remplacer par la mise en vente publique des terres disponibles; et il n'a rien donné à Diégo-Suarez. Mieux vaudrait donc ne pas l'essayer à Madagascar, si ce n'est peut-être pour telle ou telle entreprise d'un ordre tout particulier; ou bien, tout au commencement, afin d'attirer un noyau de colons français.

Une dernière idée et un dernier souhait.

Il y a toute une école à faire pour la colonisation de Madagascar, surtout au point de vue de l'agriculture. Il y a de nouvelles races d'animaux domestiques à introduire, et de nouvelles productions à acclimater, le blé tout spécialement, la vigne, le café, le cacaoyer, peut-être le thé, et que sais-je encore? Il y a toute une méthode de culture, de défrichement, de plantation, d'assainissement, à y importer; il y a toute une population ignorante et nonchalante à former au travail et à nos méthodes d'agriculture, une classe agricole à créer. Or, tout cela, et mille autre choses encore, beaucoup l'entreprendront, beaucoup y échoueront, au risque de tout compromettre.

Je voudrais donc, qu'à côté de ces exploitations privées, dont plusieurs ne réussiront pas, pour les aider et leur donner l'exemple, au besoin, pour atténuer le mauvais effet de leur insuccès, une autre se fondât, basée, non plus sur l'espoir du gain à obtenir, mais sur le dévouement, et qui fût sûre de réussir; une ferme-école et une ferme-modèle; une exploitation qui, possédant toutes les méthodes nouvelles et pouvant attendre le fruit de ces travaux, visât surtout à bien faire, en même temps qu'elle rassemblerait autour d'elle ce qu'il y a de mieux et de plus travailleur parmi les Malgaches, et formerait comme le noyau d'une population nouvelle; une exploitation où les nouveaux colons pussent aller s'instruire et s'alimenter; d'un mot, je voudrais voir une *trappe* se fonder immédiatement à Madagascar, comme il s'en fonde une dans l'Afrique du Sud et en Australie, et y renouveler les merveilles de Staouëli.

Que vaut cette idée? et réussira-t-elle? Je n'en sais rien. Peut-être échouera-t-elle, faute de quelques centaines de mille francs. En tout cas, je la livre au public, heureux s'il pouvait se rencontrer quelqu'un pour s'en emparer et la faire aboutir. Car je suis bien convaincu de ce fait, que celui qui réaliserait cette pensée aurait rendu le plus signalé service à la cause de la colonisation de Madagascar, en aurait assuré le succès.

Cet article était terminé et déjà imprimé, quand on m'a signalé un article du *Correspondant* — les Œuvres et les Hommes, 25 octobre 1895, — et un Premier Article de Ph. de Grandlieu, dans le *Figaro* du 17 octobre 1895 sur le même sujet. Je ne puis qu'être très flatté et très honoré d'une telle coïncidence. Ne puis-je même pas en conclure que l'idée, surtout avec le concours de la presse, pourrait, plus facilement que je ne l'espérais, prendre corps et arriver à une prompte réalisation.

J.-B. P.

TABLE

PARIS. — E. DE SOYE ET FILS, IMPR., 18, R. DES FOSSÉS S.-JACQUES.

www.ingramcontent.com/pod-product-compliance
Ingram Content Group UK Ltd.
Pitfield, Milton Keynes, MK11 3LW, UK
UKHW021213230726
13926UKWH00001B/487

9 782013 631747